Mi Little Golden Book sobre
LIONEL

Para Christopher, mi amiguito de fútbol —R.L.

por Roberta Ludlow

ilustrado por Nomar Perez

traducción de Denise Morales Soto

🅖 A GOLDEN BOOK • NEW YORK

Lionel Andrés Messi nació el 24 de junio de 1987, en Rosario, Argentina. Sus padres, Jorge Messi y Celia Cuccittini, le decían Leo.

Leo se enamoró del fútbol —o soccer, como le dicen en los Estados Unidos— cuando era muy pequeño. Jugaba todo el tiempo con sus hermanos mayores y sus primos.

Cuando Leo tenía cuatro años, se unió a un equipo juvenil. Su papá era el entrenador, pero su abuela Celia era su fanática más grande. Ella siempre estaba ahí apoyándolo en sus prácticas y durante los juegos.

Trágicamente, ella falleció un poco antes de Messi cumplir los once años. Desde ese día, cada vez que Leo marca un gol, el celebra señalando hacia el cielo con las dos manos en homenaje a su abuela.

Cuando Leo llegó a los ocho años, tuvo la oportunidad de jugar en las divisiones inferiores del Newell's Old Boys. Se convirtió en su jugador estrella, marcando más de 230 goles.

Durante el tiempo medio en los juegos profesionales, todos los niños del equipo hacían trucos impresionantes. Balanceaban la bola con un pie, brincaban la bola de un pie al otro, ¡y pateaban el balón con su tacón y sobre sus cabezas! Leo entretenía a los fanáticos con sus habilidades, y tambíen llamó la atención de los entrenadores de todos los mejores equipos de Sudamérica y Europa.

Leo siempre era más pequeño que sus compañeros de equipo. Por eso, los doctores le recetaron una medicina para ayudarlo crecer, pero era demasiada cara, y los papás de Leo no podían pagarla.

FC Barcelona, el club de fútbol más famoso y reconocido de todo el mundo, ofreció pagarle sus gastos médicos si él estaba dispuesto a unirse a su equipo juvenil. Así que, Leo, con solo trece años, junto con su familia empacaron su vida y se mudaron a España.

El extrañaba su país muchísimo. Viviendo tan lejos de donde nació era muy difícil, pero Leo siempre encontraba felicidad jugando fútbol.

Solo algunos años después, Leo se graduó de la división juvenil a La Liga, que es la división profesional de España. A la edad de diecisiete años, se convirtió en el jugador más joven en la historia de La Liga. Esto fue solo el principio. Leo continuaría rompiendo más récords como parte de FC Barcelona.

En el 2009, el FC
Barcelona ganó la
Liga de Campeones, la
Supercopa de España
y el Campeonato de
Liga. Ese mismo año,
a Leo le fue otorgado
su primer honor como
Jugador Mundial de
la FIFA llamado el
premio Balón de Oro.

Lionel Messi ha tenido varios apodos a través de los años. Su familia le dice Leo. Sus amigos de infancia le llamaban la Pulga porque era muy pequeño. Los anunciadores de deportes le decían la Pulga Atómica por la combinación de su tamaño y velocidad. Pero la mayor parte de la gente lo conocen por el nombre escrito en su camiseta: ¡MESSI!

Messi puede hacer un pase perfecto.

Puede regatear a través de los defensores.

Messi ha ganado más trofeos y roto más récords que cualquier otro jugador de fútbol. Máximo goleador de la historia del fútbol en un mismo equipo, más goles marcados en partidos oficiales en La Liga y ha ganado seis premios Bota de Oro y ocho Balones de Oro, solo por nombrar algunos.

¡Y el mejor premio
todavía estaba por llegar!

Aunque Messi vivió y jugo en España, todavía mantenía una gran conexión con su país natal. Así que, cuando llego la hora a decidir en cual equipo nacional iba a jugar, el escogió a Argentina.

Jugó en la Copa Mundial de Fútbol Juvenil en el 2005, representó al país en la Copa Mundial de la FIFA en el 2006 y ayudó a su equipo ganar la medalla de oro en las Olimpiadas del 2008.

Messi fue nombrado capitán del equipo de Argentina en el 2011. En el 2014, gracias a su liderazgo, llegaron a los finales de la Copa Mundial por primera vez en veinticuatro años.

Luego, en el 2022, a la edad de treinta y cinco, Messi llevó a Argentina a la máxima victoria: ¡la Copa Mundial de la FIFA!

La familia de Messi siempre ha estado a su lado. En el 2017, Messi se casó con Antonela Roccuzzo. Se conocieron por primera vez hace veinte años atrás, cuando Messi jugó en el mismo equipo juvenil que el primo de Antonela. Su boda fue muy elegante y se llevó a cabo en su ciudad natal, Rosario.

La pareja tiene tres hijos: Mateo, Thiago y Ciro.

El contrato de Messi con FC Barcelona expiró en 2021. Dejar su equipo después de tantos años fue muy triste.

Messi accedió jugar por Paris Saint-Germain. Pero un nuevo equipo trae un nuevo hogar: Messi y su familia se mudaron de España a Francia.

Solo dos años después, se mudó de nuevo, esta
vez a los Estados Unidos de América.
Jugar por Inter Miami en Florida trajo a Messi
más cerca de su hogar y familia en Argentina.

Fuera del campo de fútbol, Messi ha estado envuelto en muchas causas para niños. Como Embajador de Buena Voluntad de la UNICEF, viajó a Haití después que un terremoto dejó a muchos niños y sus familias sin casa, comida o agua limpia.

También creó la Fundación Leo Messi. Inspirado por los gastos médicos de su niñez, la fundación provee acceso a cuidado médico, educación y deportes a niños de hogares de bajo ingreso.

Trabajando duro para ser lo mejor que puede ser en el deporte que ama tanto le ha otorgado a Messi otro apodo. La gente le dice GOAT porque él es «the Greatest of All Time». Es decir: ¡El mejor de todos los tiempos!